LES TRAVAILLEURS

LE PLÉBISCITE

Par Jean MARTIN

> « Celui qui dit à l'ouvrier qu'il pourra
> » améliorer sa position autrement que par
> » le travail, *celui-là* est un empoisonneur. »
>
> (FRANCKLIN.)

PRIX : **25** CENT.

GRANDE LIBRAIRIE CENTRALE

BORDEAUX — 8, Allées de Tourny, 8 — BORDEAUX

DE LAPORTE

et VILLOTTE, ancien notaire.

LES TRAVAILLEURS

ET

LE PLÉBISCITE

Ouvriers, paysans, commis, employés, salariés de toutes sortes,

On va vous poser une question à laquelle il vous faudra répondre *Oui* ou *Non* :

On vous demandera : Acceptez-vous, *Oui* ou *Non*, la nouvelle Constitution posée par l'Empereur?

Ou en d'autres termes :

Voulez-vous être soumis au régime parlementaire pur et simple, c'est-à-dire voulez-vous abandonner au CORPS-LÉGISLATIF le pouvoir de *changer* ou de *ne pas changer* la Constitution ?

Ou bien :

Voulez-vous laisser à l'EMPEREUR le droit de modifier la Constitution, sous la condition d'être approuvée par le PEUPLE, c'est-à-dire sous la condition

d'un nouveau *Plébiscite*, pour toute nouvelle modification apportée à la Constitution?

*
* *

Le CORPS-LÉGISLATIF, l'EMPEREUR, le
PEUPLE, voilà donc les trois Pouvoirs dont il faut
définir les attributions.

Et c'est le Peuple qui se trouve en fin de compte le
juge souverain de ces définitions.

*
* *

Je m'adresse donc, non pas au Peuple tout entier,
mais à ceux qui n'ont ni le temps ni l'argent nécessaires pour lire beaucoup et pour méditer longue-
ment.

A ceux-là, je dis :

Vous êtes mécontents ou même irrités.

Vous avez raison d'être mécontents, mais vous avez
tort de vous irriter.

Oui, vous avez raison d'être mécontents, parce que
vous êtes exploités.

Mais vous avez tort de faire des grèves, parce que ce n'est pas dans les grèves que vous trouverez la solution de la question sociale.

Je donne tort également à ceux qui se disent vos amis et à ceux que vous croyez vos ennemis.

Les premiers n'ont qu'un but, celui que leur ont tracé leurs ambitions personnelles, et ils se servent de la question sociale pour faire de vous des auxiliaires politiques.

Les autres supposent un but politique à vos agitations. Comme si jamais une question de politique fera élever une barricade et allumera la guerre civile !

*
* *

La politique, la forme du gouvernement n'ont jamais été et ne seront jamais que des prétextes.

Mais la vraie cause, la seule cause de toutes les agitations, de toutes les perturbations, de toutes les révolutions, sera toujours la question sociale.

En ce moment, vous tous qui êtes au bas de l'échelle, votre unique désir, vos uniques aspirations, ne se résument-ils pas en ceci :

Monter un premier ou un deuxième échelon ?

Ce premier échelon, c'est la diminution du travail et l'augmentation des salaires ;

Ce deuxième échelon, c'est la participation aux bénéfices.

Je vous le demande encore :

A vous tous qui n'êtes pas propriétaires ;

A vous tous qui vous plaignez timidement ;

A vous aussi qui essayez de la grève, parfois même de l'émeute ;

A vous tous, ouvriers, paysans, commis, employés, salariés de toutes sortes.

Votre seul but n'est-il pas de franchir l'un ou l'autre de ces deux échelons ?

*
* *

Voilà donc votre situation :

Pour ceux qui s'intitulent vos chefs, vous êtes des instruments dociles et aveugles ;

Pour vos patrons, vous êtes des perturbateurs de l'Etat politique ;

Pour les premiers, c'est un moyen de se faire porter sur vos épaules ;

Pour les seconds, c'est un moyen de rester sourds à vos justes demandes.

Votre situation est donc aussi fausse que possible.

Car, je le répète, vous n'êtes irrités ni contre l'Empire, ni contre la forme monarchique;

Vous êtes irrités contre vos patrons;

Vous ne voulez ni la république, ni le désordre, ni l'anarchie;

Vous voulez une modification profonde, *radicale*, de l'Etat social.

Ce n'est qu'à ce point de vue seul que vous êtes *radicaux*.

Et, à ce point de vue seulement, vous avez raison de l'être.

*
* *

Cela étant posé, est-ce au Corps-Législatif que vous devez confier le pouvoir constituant?

Qu'est le Corps-Législatif?

A quelques exceptions près, le représentant des patrons.

Et pourquoi?

Parce que, dans vos patrons seuls, se trouvent, à

l'heure qu'il est, les hommes capables de faire les affaires du pays, et qu'eux seuls ont les qualités nécessaires pour bien gouverner.

Il est donc naturel que ce soient les patrons qui vous représentent au Corps-Législatif.

*
* *

Mais ce n'est pas là la seule raison.

C'est votre faute, si vous n'êtes pas représentés plus complétement à la Chambre.

Vous avez donné :

20,000 voix à Rochefort, qui ne sait rien ;

20,000 voix à Raspail, qui ne peut rien ;

7,000 voix à Ulrich de Fonvielle.........

Vous vous grisez tous les jours de la prose malsaine de *la Marseillaise*, du *Rappel*, etc.

Cela se comprend :

Vous êtes mécontents, et ces gens-là vous flattent ;

Ils vous flattent, mais ils vous trompent ;

Ils vous trompent en vous disant que vous voulez renverser l'Empire.

Vous voulez simplement arriver à abolir les privilèges de l'aristocratie financière.

Et c'est pour cela que cette aristocratie se défie de vous ; elle a peur, elle serre les rangs, et elle l'emporte sur vous dans les élections.

*
* *

Je ne crains pas de vous dire crûment la vérité :

Dans l'état actuel des choses, il est naturel que le Corps-Législatif soit composé en dehors de vous :

1° Parce que ceux qu'il représente sont plus instruits que vous ;

2° Parce que vous avez choisi la mauvaise méthode, celle des grèves, de l'anarchie, du désordre, des candidats irréconciliables, etc., etc.

Cette seconde raison peut disparaître aujourd'hui même si vous le voulez.

Mais la première raison ne peut s'effacer en un jour ; ce sera l'œuvre d'une génération entière.

Que vos fils aillent tous à l'école, dans 20 ans les électeurs français seront instruits, et leur intelligence se sera développée par l'instruction.

Alors seulement la question sociale pourra être définitivement résolue,

Et la solution de la question politique, viendra toute seule comme une conséquence du nouvel Etat Social.

*
* *

Vous voyez que, pour quelque temps encore, il faut supporter beaucoup ;

Pour quelque temps encore, il faut vous résigner à ne pas être réellement représentés au Corps-Législatif.

Telle qu'elle est, la Chambre des Députés ne vous en fera pas moins de bonnes lois, n'en gouvernera pas moins bien le pays.

Elle sera intéressée à votre prospérité, toutes les fois que la sienne propre en dépendra, c'est-à-dire presque toujours.

Mais vous auriez tort d'abdiquer complétement entre ses mains.

Il est indispensable pour la solution du problème social,

Pour cette solution qui est votre unique souci.

Il est indispensable, dis-je, que vous conserviez une arme, mais une arme purement défensive :

Cette arme c'est le PLÉBISCITE.

Vous confierez cette arme à l'EMPEREUR, votre élu direct.

Vos intérêts ne sauraient être placés en de meilleures mains.

Les faits du passé le prouvent.

L'Empereur a fait des questions sociales, l'étude de ses années d'exil.

L'Empereur a consacré à jamais en France le suffrage universel direct.

L'Empereur a favorisé de tout son pouvoir le développement de l'instruction et du bien-être dans les classes ouvrières.

Il a toujours cru et il croit encore à la coopération.

Enfin, il a besoin de vous.

Il vous le prouve aujourd'hui même, en vous adressant un Appel et en vous convoquant pour un Plébiscite.

Vous seuls êtes sa force et son droit.

Lui seul sera votre recours suprême contre vos Patrons, si ceux-ci voulaient par trop s'immobiliser, ou marcher trop lentement dans la voie du Progrès.

Je conclus donc en vous adjurant au nom de vos intérêts et des intérêts de vos enfants :

De renoncer à écouter ces hommes qui tuent votre cause, en se servant de votre mécontentement légitime pour satisfaire leurs ambitions ;

De conserver à l'EMPEREUR le droit d'appel au peuple.

Ce sera conserver pour vous-même le droit de faire entendre votre voix, alors que les barrières des circonscriptions électorales étant pour un instant supprimées, tous vos cris n'en feront qu'un, qu'il faudra bon gré malgré entendre.

En un mot, vos intérêts vous ordonnent de répondre OUI, à la question que l'Empereur vous posera le 8 mai prochain.

Et pardessus tout, pas d'abstentions.

Pas de bulletins blancs.

Ce serait abdiquer vos droits de citoyens,

Vos droits de travailleurs,

Les droits de vos enfants,

Ce serait abdiquer en faveur de ces patrons dont vous vous plaignez.

Ce serait renoncer à l'augmentation du salaire et à la diminution du travail.

Ce serait renoncer à la participation aux bénéfices.

Répondez OUI et vous conquerrez, sinon pour vous-mêmes, du moins pour la génération qui croît sous vos yeux, les droits aux bénéfices,

Comme en 89 vous avez conquis le droit au travail,

Et en 48, le droit au vote.

Répondez : OUI.

Bordeaux. — Imp. Auguste Bord. rue Porte-Dijeaux, 91.

www.ingramcontent.com/pod-product-compliance
Lightning Source LLC
Chambersburg PA
CBHW061222050726
47594CB00008B/3763